介護のしごとが楽しくなるこころシリーズ 9

知
法律のはなし

利用者と介護職を
守るため、
知っておきたい
法律の知識を学びます

監修
松田英一郎
法律事務所あすか 弁護士
内田千恵子
公益社団法人日本介護福祉士会 副会長

日本医療企画

はじめに

介護職になったばかりの新人にとって、日々の業務は初めて経験することばかりです。

どうすればいい？　どうして？　などの疑問があっても、先輩や上司に、何をどう聞けばよいのか迷うことも多いでしょう。

そんなとき、新人介護職員の皆さんにさまざまなヒントを与えてくれるのが「介護のしごとが楽しくなるこころシリーズ」です。

本シリーズでは、介護職員が自信をもって笑顔になる、利用者が喜び元気になるサービスを、《介護のこころ》とともに学ぶことができます。

シリーズ第9巻は、『知ってあんしん 法律のはなし』です。

昨今、裁判員制度の導入やテレビの法律に関する番組などを通じて、私達にとって法律が身近になってきています。とはいえ、法律は自分には関係ないものと考えている人もまだまだ多いのではないでしょうか。

介護の業務内容のなかには法律によって細かく規定されているものもあります。もしそれを無視したり、違反したりすれば自分はもちろんのこと、利用者や事業所にも迷惑をかけることになります。

法律を守ることが、利用者を守ることや利用者に喜ばれることにつながるのです。

まず第1章では、法律と介護職員のかかわりについて考えていきます。さらに、社会福祉士及び介護福祉士法について学びます。

第2章から第7章では、事例を提示し適切な対処法を解説していきます。

第2章では、介護職員と医療行為のかかわりについて学びます。

第3章では、利用者を守るためにたいせつな個人情報の取り扱いについて学びます。

第4章、第5章では、実際に問題や事故が起きた場合の対処法などを学びます。

第6章では、介護保険対象外となるサービスを依頼された場合について考えます。

第7章では、高齢者が詐欺や犯罪に巻き込まれた場合に、介護職員として知っておきたい知識や対応を学びます。

付録では、働く際に知っておくべき法律を解説しています。

利用者やひいては自分を守るためには、介護職員として必要な法律の知識をきちんと身に付け、守っていくことが必要です。

この本を通して、介護職員にかかわる法律について学んでください。

目　次

第1章　介護職員と法律

第2章　介護職員と医療行為

第3章　個人情報の取り扱い

第7章　高齢者を守る

付録　介護職員の労働

◆本書の使い方◆

第1章　介護職員と法律

介護職員に関係する法律の基本を学びます。

第2章　介護職員と医療行為

介護職員と医療行為のかかわりについて学びます。

第3章　個人情報の取り扱い

個人情報を取り扱う際に注意すべき点を学びます。

第4章　サービス提供中のトラブル

トラブルを起こさないための方法や起きてしまったトラブルへの対処法を学びます。

第5章　介護事故

事故が起きた際の対処法と予防法を学びます。

第6章　介護保険対象外のサービス

何が介護保険の対象外となるのかを学びます。

第7章　高齢者を守る

詐欺などから高齢者を守るためどうすべきかを学びます。

付録　介護職員の労働

働く際に知っておくべき法律の基本的知識を学びます。

第1章

介護職員と法律

法律と聞いただけで身構えてしまう人も多いと思います。法律に違反すれば罰せられることもあります。しかし、反対に法律があるからこそ守られるともいえます。法律の重みを知り、業務に当たるようにしましょう。

介護職員として働く際、内面的規範となる倫理

法律と倫理の違いを知る

介護職員は、対人サービスの専門職として、法律と倫理を守ることが求められます。

倫理は法律とは異なり強制力を伴いませんが、人が行動する際の羅針盤となる内面的な規範のことです。

法律に違反した場合は、法的責任が追及されます。一方、倫理に違反した場合、法的責任を追及されることはありませんが、道義的責任を問われます。

日本介護福祉士会は、介護福祉士のあり方を示した倫理綱領《こうりょう》を制定しています。

前文には、次頁のように示されています。

私たち介護福祉士は、介護福祉ニーズを有するすべての人々が、住み慣れた地域において安心して老いることができ、そして暮らし続けていくことのできる社会の実現を願っています。

そのため、私たち日本介護福祉士会は、一人ひとりの心豊かな暮らしを支える介護福祉の専門職として、ここに倫理綱領を定め、自らの専門的知識・技術及び倫理的自覚をもって最善の介護福祉サービスの提供に努めます。

内容は、①利用者本位、自立支援、②専門的サービスの提供、③プライバシーの保護、④総合的サービスの提供と積極的な連携、協力、⑤利用者ニーズの代弁、⑥地域福祉の推進、⑦後継者の育成、です。

介護職員には高い倫理意識が求められています。

介護福祉士でなくても気をつけよう

介護福祉士でなくても守らなければならない法律

介護福祉士は、社会福祉士及び介護福祉士法にその資格や、行動を規定されています。一方、介護福祉士の資格をもたない介護職員はこの法律に規定されていません。

しかし、介護福祉士の資格をもたない介護職員も、介護保険法をはじめ高齢者虐待の防止、高齢者の養護者に対する支援等に関する法律（以下、高齢者虐待防止法）などいくつもの法律により行動を規定されています。

また、事業所に課せられた法令上の義務を守らなくてはなりません。就職するに当たって事業所と取り交わした雇用契約、就業規則などによっても行動を規定されます。

介護職員が知っておくべき法律

介護職員が知っておかなければならない法律には、介護保険法、高齢者虐待防止法、個人情報の保護に関する法律(以下、個人情報保護法)、成年後見制度に関する法令、障害者総合支援法、後期高齢者医療制度に関する法令、生活保護法、そして労働者を守る労働基準法などがあります。

社会福祉士及び介護福祉士法について

介護福祉士が守らなければならない6つの項目

社会福祉士及び介護福祉士法では、介護福祉士が守るべき義務として、次の6つの項目をあげています。

介護職員として働く人は、介護福祉士の資格をもたない場合でも同じ義務と責任があると考えて行動することが求められます。

秘密保持義務（社会福祉士及び介護福祉士法　第46条）

「社会福祉士又は介護福祉士は、正当な理由がなく、その業務に関して知り得た人の秘密を漏らしてはならない。社会福祉士又は介護福祉士でなくなつた後においても、同様とする」とあります。

違反すると1年以下の懲役または30万円以下の罰金になります。

誠実義務（社会福祉士及び介護福祉士法　第44条の2）

「社会福祉士及び介護福祉士は、その担当する者が個人の尊厳を保持し、自立した日常生活を営むことができるよう、常にその者の立場に立つて、誠実にその業務を行わなければならない」とあります。

誠実義務には罰則はありませんが、介護職員として当然のことですので、常に意識して業務に当たりましょう。

信用失墜行為の禁止（社会福祉士及び介護福祉士法　第45条）

「社会福祉士又は介護福祉士は、社会福祉士又は介護福祉士の信用を傷つけるような行為をしてはならない」とあります。

違反すると登録の取り消し、または期間を定めて介護福祉士の名称の使用制限が科せられる可能性があります。

連携（社会福祉士及び介護福祉士法第47条2）

「介護福祉士は、その業務を行うに当たつては、その担当する者に、認知症であること等の心身の状況その他の状況に応じて、福祉サービス等が総合的かつ適切に提供されるよう、福祉サービス関係者等との連携を保たなければならない」とあります。

名称使用制限（社会福祉士及び介護福祉士法　第48条2）

「介護福祉士でない者は、介護福祉士という名称を使用してはならない」とあります。

資質向上の責務（社会福祉士及び介護福祉士法　第47条の２）

「社会福祉士又は介護福祉士は、社会福祉及び介護を取り巻く環境の変化による業務の内容の変化に適応するため、相談援助又は介護等に関する知識及び技能の向上に努めなければならない」とあります。

サービス契約以外のことをしてはいけない

サービスの変更にはケアプランの変更が必要です

介護サービスはケアプランに基づき提供される

介護サービスは、あらかじめ利用者がケアマネジャーと相談のうえ、決まったケアプランに基づいて、利用者と事業者の間で締結した契約に従い提供されるものです。

そのため介護職員は利用者に頼まれたとしても、契約以外のサービスを行うことはできません。介護職員が行うことが可能なサービスであったとしても同様です。例えばp84にあるように利用者を施設から車で送迎する際、通り道にあるスーパーで降ろすよう頼まれたとしても、それは決してしてはいけない行為なのです。

契約以外のサービスを依頼されたら

利用者からケアプランに含まれない契約以外のサービスを依頼された場合、介護職員は利用者にケアプラン以外のサービスは行えないこと、ケアプラン以外のサービスを行う場合は、ケアマネジャーによるケアプランの変更が必要であることを説明します。

利用者からケアプランの変更を依頼された場合は、介護職員は、利用者の依頼内容を事業所に相談する旨を伝えます。その後速やかに、利用者の依頼を事業所に報告します。

利用者の依頼については、事業所が速やかに対応し、利用者には経過等も含めまめに報告を行います。

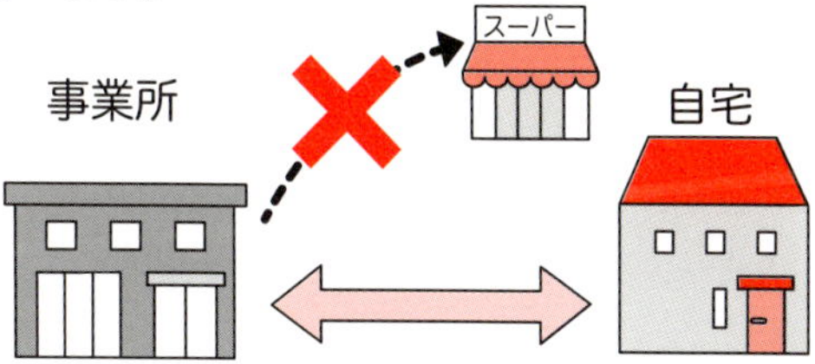

職務外でも倫理観が求められる

信用失墜行為の禁止違反に問われることも

休日だからと気をゆるめない

休日に、友人たちと交代で運転して遊園地に出かけた介護職員。帰り道、疲れていたため、ついうっかり赤信号を見落としてしまったところを、交差点で待機していたパトカーにつかまってしまいました。

警察官から、免許証の提示を求められてはじめて、仕事で使っているカバンの中に免許証を入れたままであったことに気づきました。

この場合、民事上、刑事上の罪には問われませんが、行政処分の対象になります。

介護福祉士であれば、社会福祉士及び介護福祉士法における信用失墜《しっつい》行為の禁止違反も問われます。

適切な対処法

信用失墜行為とは犯罪行為だけに限定されず、道徳的に非難される可能性のある行為も含まれます。

つまり職務中であろうとなかろうと介護職員には、高い倫理観が求められるのです。

今後のために

介護職員は、職務に直接関係のないことであっても信用失墜行為に該当する場合があることを知っておきましょう。

法律、規則、通知の違い

日常生活では介護保険法や社会福祉士及び介護福祉士法のような、国が定めた「法律」と、行政機関より出された「命令」を、区別せずまとめて法律といいますが、2つをまとめた場合、正しくは「法令」といいます。

命令には、政令、省令、規則、通知が含まれます。

内閣が制定したものが「政令」、各省が制定したものが「省令」であり、これに基づき施行「規則」が制定されます。ここまでが罰則の対象になります。

「通知」は、法令の解釈、運用などについて行政官庁が関係する諸機関に出す指示やお知らせです。

第2章

介護職員と医療行為

介護職員は、原則として医療行為を禁止されています。自分がどこまでの行為ができて、どこからが法律で禁止されているのかを知ることが、利用者の危険回避につながります。

介護職員が行える行為を理解する

2011年、「介護サービスの基盤強化のための介護保険法等の一部を改正する法律」が公布され、2012年度から一定の研修を受けた介護職員が医療行為の一部を実施できるようになりました。介護職員が行うことのできる医療行為は、あくまでも医療職との連携を前提とした、たんの吸引等の一部の行為にすぎません。

法律上、制度上で、「介護職員ができる医療行為や医療的ケア」と「できない部分」をよく知らなければなりません。

介護職員が行える医療行為

一定の条件の下で介護職員が実施することが認められている医療行為は以下のとおりです。

- 口腔内の喀痰《かくたん》吸引
- 鼻腔内の喀痰吸引
- 気管カニューレ内部の喀痰吸引
- 胃ろうまたは腸ろうによる経管栄養
- 経鼻経管栄養

以上の行為が認められるのは次の人だけです。

一定の研修を修了した者で都道府県知事が認定した介護職員

たんの吸引などを行う場合は、施設や事業所も基準を満たし、都道府県知事の登録を受けることが必要です。

介護職員が行える医療的ケア

2005年、厚生労働省医政局長の通知で以下の行為は「医療行為ではない行為」として示されました。

- 体温測定
- 自動血圧測定器による血圧測定
- パルスオキシメーターの装着
- 爪切り　● 耳垢の除去　● 口腔ケア
- 軽微な切り傷・すり傷、やけどなどへの応急対応
- 市販の浣腸器を用いた浣腸
- 自己導尿のためのカテーテルの準備と体位保持
- ストーマパウチに溜まった排泄《はいせつ》物の除去

(2011年の通知により、ストーマ装具の交換も原則として医療行為ではないと示された。医師・看護職員との密接な連携が必要。)

また、下記の条件を満たす場合、介護職員は医薬品の使用の介助を行うことができます。

これらも医療行為ではありません。

医療職の指導を守って使用を介助すること

次の3条件をみたしている必要がある

①入院等の必要がなく容態が安定

②医師・看護職員による経過観察が必要ではない状態

③医薬品の使用方法そのものに専門的配慮が必要ではない

医師から処方された医薬品であること

- 軟こうの塗布（褥瘡《じょくそう》の処置を除く）
- 湿布の貼り付け
- 点眼
- 一包化された内用薬の内服
- 坐薬の挿入
- 鼻腔粘膜への薬剤噴霧

以上の行為については、利用者の病状が不安定で専門的な管理が必要な場合は、医療行為とされる場合もあります。

事例①インスリン注射

インスリン注射を利用者の家族から頼まれました

家族には可能な医療行為

訪問介護でうかがっている利用者は、糖尿病のためインスリン注射が欠かせません。

家族が不在のときは利用者自身がインスリン注射をしています。最近、利用者の認知症が進み、指定された回数よりも多く打ってしまうことがあります。心配した家族から、家族が不在のときは、介護職員にインスリン注射を行ってもらえないかと頼まれました。

＊　　＊　　＊

医師法第17条、歯科医師法第17条および保健師助産師看護師法第31条などにある医療行為の禁止にふれます。

●適切な対処法

利用者自身がインスリン注射を管理することは難しい状況です。介護職員は、利用者の家族に、インスリン注射は医療行為であるため介護職員が行うことはできないことを伝えるとともに、現在の状況について事業所に報告して、速やかに対応策を検討してもらいましょう。

●今後に生かす

インスリン注射を行っている利用者の場合、利用者自身あるいは同居の家族などが投薬を管理できる状況であるか否かが重要です。投薬の管理が難しい場合、今後のケアプランの見直しが必要です。介護職員は、利用者やその家族の訴えに耳を傾け、事業所に状況を正確に報告することが大切です。

事例②市販の軟こうの塗布

利用者から軟こうを塗るよう頼まれました

市販薬でも塗れない

訪問介護でうかがってる利用者から背中にできものができて痛むので「軟こうを背中に塗ってくれないか」と頼まれました。介護職員がためらっていると、利用者から「この軟こうは市販薬なんだから、別に問題ないでしょ」と言われました。

＊　＊　＊

「医師法第17条、歯科医師法第17条及び保健師助産師看護師法第31条の解釈について（通知」において、皮膚への軟こうの塗布は、さまざまな条件を満たしたうえで、医療職の指示のもとで行うものとされています。

●適切な対処法

　介護職員が軟こうを塗ることができるのは、医師により処方された薬の場合だけです。さらに、介護職員が軟こう塗布の介助を行うことを医師・本人・家族が納得し、介護職員が服薬指導を受けている必要があります。

　この場合は上記に該当しませんし、その軟こうが適切かどうかも不明ですので介護職員は軟こうを塗ってはいけません。

●今後に生かす

　利用者には、その軟こうができものに合ったものかどうかわからないので、まず受診をすすめます。合わないものをつけると、かえって悪化することもあることを話しましょう。また介護職員が塗布を指示されている軟こうがあれば、いつ塗るべきかなどを詳しく確認します。

事例③摘便

おむつ交換の際、摘便をしてしまいました

摘便は危険な行為

利用者のおむつ交換の際、出かかっている便に気づいた介護職員。日頃から便秘気味の利用者で便が肛門にひっかかっています。親の介護をしたとき摘便をしたことがあるので、グローブをした指先を利用者の肛門に押し入れて、便を出しました。

＊　＊　＊

摘便は医療行為です。医師法第17条、歯科医師法第17条および保健師助産師看護師法第31条などにある医療行為の禁止に触れます。

●適切な対処法

摘便は、介護職員が行うことのできない医療行為です。

肛門の中に指を入れて便を出す方法なので、腸壁などを傷つける恐れもあります。ポリープをつついてしまって出血してしまったり、痔がある場合、患部を傷つけて出血させてしまう場合もあります。肛門にも負担がかかり、痛みを伴うこともある危険な行為です。

この場合、介護職員は、看護師に相談して対応すべきでした。

●今後に生かす

事業所に善後策を講じるよう依頼します。在宅であればケアマネジャーに報告します。便秘解消の策や下剤の処方などは医療職と相談します。

事例④ストーマ装具の交換

ストーマ装具の交換の時、皮膚が赤くなっていました

ストーマ装具交換時に皮膚の異変の確認を

訪問サービスで、利用者のストーマの排泄《はいせつ》物を処分し、ストーマ装具を剥がした介護職員。ストーマ装具周辺の皮膚が赤くなっているのに気づきました。また、利用者自身も強いかゆみを訴えています。介護職員は指定どおりの手順でパウチ交換を行い、事業所に利用者の状態を報告しました。

＊　　＊　　＊

2011年7月の厚生労働省医政局の通知「ストーマ装具の交換について」により、ストーマ装具の交換については、原則として医療行為ではないと示されました。

ストーマ装具の交換の際には、次のような条件が必要です。

- ストーマおよびその周辺の状態が安定していること
- 看護職の実施計画書に従うとともに、結果を報告すること
- 実施者は一定の研修や訓練を受けていること
- 病状の急変やその他必要な場合は、医療職に連絡を行うこと

●適切な対処法

ストーマ装具の装着部位に皮膚の発赤などの異状があった場合は、事業所に速やかに連絡し、医療職に早急に対応してもらう必要があります。

●今後に生かす

事業所に、医療職と相談のうえ、策を講じるよう依頼しましょう。また、医療職への報告とともに相談できる関係づくりも必要です。

切り傷やすり傷、やけどなどの手当ては OK？

軽い切り傷やすり傷、やけどなどの応急手当ては介護職員が行うことができます。切り傷やすり傷を水で洗いばんそうこうを貼ったりガーゼで覆ったりすることや、やけどを流水で冷やす行為です。しかし、いずれの場合も医師から指示のない消毒液や軟こうなどを介護職員が使用することはできません。

指示のない軟こう薬を使うことで悪化させてしまう危険があります。利用者にどこまでの行為が許されるのかを、しっかり知っておきましょう。

第3章

個人情報の取り扱い

介護職員は、業務において利用者の重要な個人情報を扱います。介護職員は、個人情報の取り扱いに注意して、利用者に被害を及ぼすことがないよう気をつけましょう。

利用者の個人情報を守るために

個人情報の管理は法律やガイドラインに従います

個人情報の保護に関する法律(以下、個人情報保護法)は、国が事業者に対し個人情報の取り扱い方法を定めた法律です。事業者は利用者に対して、個人情報を守るべき義務があります。また介護福祉士は社会福祉士及び介護福祉士法第46条で秘密保持義務が定められています。介護職員は、介護保険法第28条7で守秘義務が義務づけられています。

個人情報保護法とは

個人情報保護法には個人情報とは、「生存する個人に関する情報であって、(中略)特定の個人を識別できるもの」と定義されています。

個人情報は氏名、生年月日以外に、個人の身体的特性、病歴、財産、職種なども含まれます。

介護職員の個人情報に関する指針は、2010年に厚生労働省が改定・通達した「医療・介護関係事業者における個人情報の適正な取扱いのためのガイドライン」にも定められています。

●守秘義務

介護職員は業務によって知りえた個人の情報を漏らしてはならないこと（秘密保持）が、法律により定められています（介護保険法第28条７）。介護職員の守秘義務は、雇用契約時にまず示され、就業中はもとより、離職後も課せられ、遵守の徹底が求められます。

●個人データの物理的安全管理措置

個人データの盗難・紛失の防止について、ガイドラインでは以下の指針を示しています。

- データ保管場所の入室・退室管理実施
- 盗難に対する予防策の実施
- 機器、装置等の固定などの物理的な保護

事例⑤人前でサービス提供票を確認

バスの中でサービス提供票を見てしまいました

サービス提供票は人前に出さない

午前中の在宅介護を終えて次の利用者宅へ向かう途中、介護職員はバスの座席に座って次の予定を確認しようとサービス提供票を開いて見ていました。

＊　　＊　　＊

介護職員の守秘義務違反のほか、事業者に対して個人情報の適切な管理違反が問われるかもしれません。また事業者は不法行為責任も負います。

不法行為とは、故意または過失によって他人の権利や法律上保護される利益を侵し、損害を与えることを指します。

●適切な対処法

サービス提供票には、日にちごとに利用者が使うサービスの種類、サービス時間、サービス実施予定、実績などが記載されており、利用者の個人情報のかたまりともいえます。これを公共の場であるバスの中で確認することは、当然ながら許される行為ではありません。

サービス提供票は、施設内と利用者宅以外では他人に見られる恐れがあるので見てはならないものです。1日の予定は施設を出る前に必ず頭に入れておきましょう。

●今後に生かす

サービス提供票の取り扱いについて、事業所内の規則を確認しましょう。

ベテランの介護職員のなかにも、個人情報保護に関する意識が薄くなっている人がいるかもしれません。職員全体で徹底しましょう。

事例⑥路上で携帯電話を使い事業所へ報告

路上で電話を使用して報告しているところを、利用者の家族に見られてしまいました

電話での報告は注意が必要

訪問サービス終了後、至急報告したい内容があったため、介護職員が路上で携帯電話を使って事業所へ連絡していたところ、たまたま通りかかった利用者の家族にその一部始終を聞かれてしまいました。後日事業所に苦情の連絡が入りました。

＊　＊　＊

事業者は個人情報保護法違反に、介護職員は事業者との間に交わされる労働契約違反（職務違反）に問われるかもしれません。

●適切な対処法

利用者の個人情報につながる業務報告を、他人に聞かれてしまう恐れのある場所で行うこと

は許されることではありません。

まずは利用者に誠意を込めてお詫びし、そして、以後このようなことがないようにする旨を約束し、それ以降の誠実な業務で信頼を取り戻していきます。

事業所への報告は、携帯電話からメールで行う場合が多いでしょう。メールで報告する場合は、誤送信することのないよう十分に注意します。

口頭で報告する必要がある場合は、人目のない場所を探すか、利用者や利用者の家族が聞いても差し支えない内容であれば、利用者宅で携帯電話を使用する場合もあります。

●今後に生かす

事業所のなかで報告に際しての注意点をリストアップし、日々目につくところに貼り出しておくといいでしょう。

重大な報告については、なるべく直接事業所へ行って直属の上司や責任者に会って口頭で伝えましょう。

事例⑦電車の中で記録書を紛失

電車の中に記録書を置き忘れ結局見つかりませんでした

置き忘れたではすまない

介護職員は、1日に複数の利用者宅へうかがうため複数の記録書を持ち歩いています。移動中の電車が混んでいたため、記録書の入ったかばんを網棚の上に乗せたまま、置き忘れてしまいました。すぐに駅の係員に探してもらいましたが見つかりませんでした。

＊　＊　＊

介護職員が所属する事業者は、個人情報保護法違反に問われる可能性があります。また利用者から介護委託契約違反などで、事業者およびその介護職員に対して損害賠償が請求されるかもしれません。

●適切な対処法

本来、忘れ物はしてはならないことですし、この場合は個人情報漏洩《ろうえい》の危険がありますから、速やかに行動しなくてはいけません。

忘れたことに気づいた時点で鉄道会社に連絡し、事情を話します。見つからない場合は、見つかり次第、連絡をくれるようお願いします。

事業所に戻ったら、詳しく経緯を記録し、上司に報告します。

情報が漏れた可能性のある利用者に対しては、誠実にお詫びしたうえで事の経緯を正確にお知らせし、今後の対応と対処法を具体的に示します。

●今後に生かす

個人の失敗を共有化して、事業所全体での再発防止に努めましょう。

利用者の個人情報に関するものは、手元から離してはいけません。

事例⑧公共の場で利用者のことを話題に

飲食店で利用者のことを話していたのを、他の利用者の家族に聞かれてしまいました

外で利用者のことを話してはいけない

事業所の仲間内での忘年会があり、つい気が緩んで、利用者のことを話題にしてしまいました。このとき、同じ店にいた他の利用者の家族に聞かれてしまい、後日そのことで事業所に苦情がありました。

＊　＊　＊

介護職員は守秘義務違反を問われるかもしれません。また事業者は利用者に対して、契約上の義務として守秘義務がありますので、契約違反に当たる可能性があります。

●適切な対処法

たとえ誰のことか特定できなかったとしても、不適切な行為です。その場にいた介護職員

はもちろん、事業者に対する信頼も失います。介護職員とはいえ、ひとたび施設や利用者のお宅を出たら、ストレスを発散したいと思うことがあるのは当然です。しかし、職務上知りえた情報を漏らすことは、職業倫理上も決してしてはいけないことです。当然、法律にも違反する行為です。

公共の場では、名前を出さなくても利用者のことを話題にするのは絶対にやめましょう。

●今後に生かす

利用者の個人情報について職員全体で守るべき点を再確認しましょう。

仕事に関する話は外では一切口に出さないようにしましょう。

事例⑨利用者のことを聞かれ答えた

利用者と仲のよい知り合いから、利用者の様子について聞かれ、答えてしまいました

親しい人でも利用者のことは話さない

ショートステイの利用者から、以前デイサービスで仲のよかった人の様子について聞かれました。その人は親身になって心配していたので、他の施設に入られたことをお話ししました。それを少し離れていたところから見ていた上司があわてて止めたので、してはいけないことだとわかりました。

＊　＊　＊

個人情報の取り扱いにおいて不適切な行為です。介護職員は守秘義務違反を問われるかもしれません。また事業者も利用者に対して守秘義務があるので守秘義務違反を問われる可能性があります。

●適切な対処法

　まずは心配している利用者の気持ちを尊重し、利用者のお話を聞きます。その上で、他の利用者の様子はお伝えできないことを丁寧に話します。

●今後に生かす

　利用者のプライバシー保護に関する注意点を全職員で確認するとよいでしょう。

事例⑩電話で利用者のことを聞かれ答えた

家族を名乗る人からの電話で、利用者の状況を伝えてしまいました

電話での問い合わせは要注意

施設に入居している利用者の家族と名乗る人からの電話で「仕事で忙しく、しばらくお見舞いに行けないので様子を教えてほしい」と言われたため、介護職員は、利用者の様子についてお話ししました。後日、利用者の家族がお見舞いに来て、電話をかけてきた人が家族ではないことがわかりました。

＊　＊　＊

介護職員の守秘義務違反に当たるかもしれません。事業者は、守秘義務違反と個人情報の不適切な取り扱いによる管理義務違反を問われる可能性があります。

●適切な対処法

まず利用者の家族に対して経緯を詳細に説明したうえで、丁重にお詫びします。それでも家族に納得してもらえない場合は、上司や、事業所の所長に立ち会ってもらい、事業所として今回の不祥事を重く受け止め、再発防止を約束するとともにその対応策を提示するなどを行うといいでしょう。

●今後に生かす

誰が電話をとっても正しい対応ができるように、電話での正しい対応、誤った対応をリストアップし、目につくところに貼っておくといいでしょう。電話での問い合わせには、安易な判断をせずに、上司などに対応をまかせましょう。

事例⑪ネットに利用者の写真をアップ

ツイッターやフェイスブックに利用者の写真をアップしてしまいました

ネットは誰が見ているかわからない

事務所のある介護職員が、ツイッターやフェイスブックに自分の仕事ぶりを書いたり利用者の写真をたびたび載せたりしていました。たまたま同僚がフェイスブックを見てそのことに気がつきました。

＊　＊　＊

利用者の写真を使用した介護職員は、利用者個人から肖像《しょうぞう》権侵害による損害賠償を問われるかもしれません。また事業者は使用者責任を問われる可能性があります。

●適切な対処法

フェイスブックは実名での登録ですので、介護職員の個人情報から働いている事業所が特定され、さらに事業所を利用している人の個人情報漏洩《ろうえい》にもつながります。ツイッターは匿名《とくめい》でも可能ですが、同様の危険性があります。

ツイッターやフェイスブックなどに、利用者に関する記述をしたり写真などを絶対に載せてはいけません。自分の友達しか見ていないから大丈夫などと安易に考えてはいけません。一度ネット上にアップしたものはコピーなどで拡散して、世の中すべての人の目に触れる危険性があるのです。

●今後に生かす

事業所でツイッターやフェイスブックに仕事上のことを書いたり、写真をアップしないよう職員全員に伝え徹底させましょう。

事例⑫ USBメモリの紛失

利用者情報の入ったUSBメモリを落として、悪用されてしまいました

USBメモリの紛失から大事故に

事業所ではできなかった作業を自宅ですませようと、利用者の氏名、住所、電話番号、生年月日などのデータを入れたUSBメモリを、1人の介護職員が持ち帰ることにしました。ところが自宅で作業をしようとしたときに、USBメモリをなくしたことに気づきました。帰宅前に寄ったスーパーで落としたのではないかと思いあわてて問い合わせましたが、結局見つかりませんでした。後日、ネットにそのUSBメモリの個人情報が流失していることを知りました。

＊　　＊　　＊

まずUSBメモリの持ち出しが禁じられている場合、介護職員の責任（職務違反）が問われ

ます。また事業者も管理責任が問われます。

持ち出しが禁じられていない場合、事業者の管理義務違反が問われます。

●適切な対処法

すぐに警察に届け出て、事業所に連絡します。

なお利用者の個人情報にかかわるものは、原則として持ち出し禁止です。

致し方なく持ち帰る場合には、施設ごとの「持ち帰る際のルール」にのっとって持ち帰ります。

個人情報が流失してしまった利用者に対しては、誠実にお詫びしたうえでことの経緯を正確にお知らせし、今後の対応と対処法を具体的に示します。

●今後に生かす

やむをえない事情で利用者の情報を持ち帰る場合を考えて、「持ち帰る際のルール」を決めておきましょう。

サービス提供票のFAXを、取引業者に誤送信してしまいました

たかがFAXの誤送信ではすまされない

介護職員がサービス提供票を事業所に送ろうとFAXしたところ、番号を間違え、取引業者に送ってしまいました。送信した後、取引業者からの指摘があって判明しました。

*　　　*　　　*

介護職員は職務違反を問われるかもしれません。事業者は利用者やその親族から個人情報保護法違反を問われる可能性があります。

●適切な対処法

これは、明らかな不注意によって起きてしまった失敗例です。この場合、誤送信先が取引業者だったため、事業所に連絡があり、誤送信が発覚しました。

ただちに、誤送信した先の取引業者に電話を入れ、ご迷惑をかけたお詫びをして、連絡をくれたことへの感謝を述べます。

●今後のために

事務仕事の基本でもありますが、忙しいときには往々にしてこのようなミスが起こるものです。FAXを送る際は番号を確認のうえ、送信しましょう。

FAXを送るところは大体決まっているので、いつも使用する番号は事前に登録しておくとよいでしょう。宛名をあらかじめ印字した送り状をいくつか用意して必ず宛先を確認のうえ、使

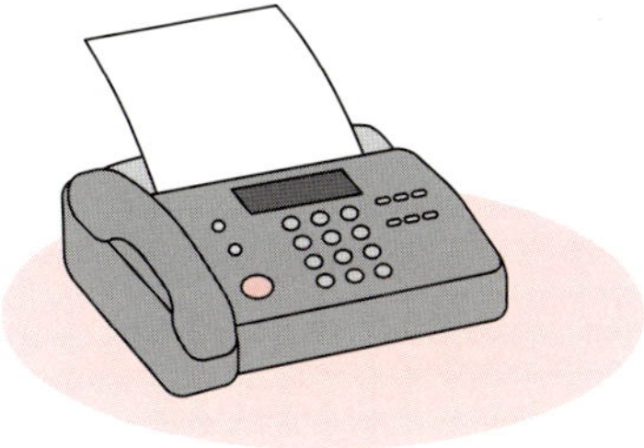

用するとよいでしょう。

FAXを送信する前に、あて先に電話を入れるのも誤送信を防ぐ有効な方法です。電話を入れることで宛先を再確認することができます。また送信した後、確認の電話をするとなおよいでしょう。

第4章

サービス提供中のトラブル

第1章にあったように介護職員は、介護保険法などによって守るべき義務が定められています。ここではもしその義務を果たさなかった場合について学んでいきます。高い職業意識をもって業務に励みましょう。

事例⑭利用者の変更希望を無視

訪問介護にうかがっている利用者のサービス変更の希望を報告しませんでした

仕事は利用者第一が当然

現在、週3回、訪問介護の生活支援でうかがっている利用者から、訪問回数を減らしてほしいという相談を受けました。介護職員は、週3回でも時間が足りないと思っていましたし、事業所に報告することで利用者がサービス内容に不満を抱いていると判断されるのではないかと心配して、事業所に報告できずにいました。

しばらくして、利用者から「訪問回数を減らすという話はどうなったのか」と怒られてしまいました。

＊　＊　＊

介護職員が介護福祉士であれば社会福祉士及び介護福祉士法の誠実義務（第44条の2）違反

に問われるかもしれません。介護福祉士の資格がなくても事業者との間の職務違反に問われるかもしれません。

●適切な対処法

介護職員には、サービス契約を決める権限はありません。サービス契約を結ぶのは、事業者と利用者です。

利用者の介護サービスに関する要望は、当然ながら最優先されるべきことです。

●今後のために

自分の職分を理解し、それを超えることはしないようにしましょう。常に利用者のことを最優先で行動するようにしましょう。

事例⑮利用者の異変を報告しない

利用者の転倒を報告しませんでした

報告を怠ることは許されない

ある朝、利用者の居室を訪ねた介護職員は、床に転倒している利用者を発見しました。「着替えをしていて、うっかり転倒してしまった」と言います。体調を尋ねると、「とくに痛いところはない」「恥ずかしいから、他の介護職員には言わないでね」と口止めされてしまいました。利用者の様子を見ると元気そうでしたので、介護職員は、上司への報告を行いませんでした。

＊　　＊　　＊

介護福祉士であれば社会福祉士及び介護福祉士法における連携（第47条2）違反に当たる可能性があります。介護福祉士の資格がなくても介護職員は事業者との間の職務違反に問われるかもしれません。

●適切な対処法

転倒には大きな危険が伴います。本人の申告をうのみにせず、速やかに上司に報告してケガの有無や体調の変化を確認すべきでした。

利用者に一番近くで接し、変化に気づくことができるのは介護職員です。利用者に少しでも気になる変化があったら、ためらうことなく医療職に報告しましょう。

●今後のために

利用者の変化は必ず介護記録として残します。転倒などの事故は、記録に残すだけではなく、速やかに上司に報告しましょう。

たとえば、利用者の転倒の原因が筋力低下であれば、リハビリテーションを取り入れることで利用者のQOLを維持できるかもしれません。

利用者の状況に合わせ適切な対応を行うためには、介護職員の気づきや報告が大切です。

事例⑯窃盗の誤解

利用者から、物を盗んだのではないのかと疑われてしまいました

疑われた際は自分で解決しようとしない

訪問介護サービスを利用している利用者に、置き時計がなくなっている、あなたが盗ったのではないか？　と介護職員が疑われました。

＊　＊　＊

単に、疑われただけなら刑事責任、民事責任のいずれも問われることはありません。

●適切な対処法

認知症の利用者のなかには、物盗られ妄想が多く見られます。とくに、利用者に接する時間が長い人や、身近な人間が疑われやすいのが特徴です。

介護職員が疑われた場合、落ち着いた声でていねいに、「自分は盗っていない」ことを伝え

てください。

その際、利用者に対して声を荒げたり、ましてや怒ったりすると、利用者に負の感情をもたらし介護職員に対する印象が低下し、ますます悪循環に陥ってしまうので注意が必要です。事業所に連絡して対処方法を相談し、必要があれば事業所の責任者に来てもらいます。

●今後に生かす

あらかじめ窃盗を疑われた場合を想定して、対応を決めておきましょう。

法律に違反するとどうなるのか

もし万が一介護職員が仕事をしていて法律に違反してしまった場合、３つの側面から法的責任を問われる可能性があります。

①刑法上の法的責任が問われます。介護職員の場合、利用者を死なせたケースなどの懲役刑がこれに当たります。

②行政上の法的責任が問われます。自分が所属する事業所の業務停止や資格停止などの行政処分がこれに当たります。

③民法上の法的責任が問われます。安全配慮義務違反などでの損害賠償請求などがこれに当たります。

※法的責任が問われなくても社会的な責任が問われることもあります。法律とは直接関係ありませんが、事業所の信用低下などがこれに当たります。

第5章

介護事故

介助中の利用者の事故を未然に防ぐための対策と、事故が起きてしまったときの適切な対応を学びます。

たとえ万全の対策をとっていたとしても事故が起きることがあります。介護職員または事業所が責任を問われるかどうかは、どれだけ最善を尽くしていたかによって変わる可能性があります。

事例⑰浴槽内での転倒による溺水

介護職員が目を離した隙に、利用者が溺れてしまいました

わずかな時間でも事故は起こりうる

利用者の入浴介助を担当した介護職員。利用者が浴槽につかっている間、おけやタオルを用意していました。介護職員が利用者から目を離した隙に、利用者が浴槽内で溺れてしまいました。

*　　*　　*

入浴は、体力を消耗しますし、心臓発作や脳卒中・のぼせなどの急変や、転倒や溺れるといった事故が多い場所でもあります。

介護職員は、こうした事故を予防するだけでなく、利用者にとって安全で安楽な入浴環境を整えることが大切です。

不幸にして万が一事故が起きてしまった場

合、民事上、刑事上の過失責任を問われる可能性があります。過失とは、損害の発生について予見することが可能であり、その結果を回避する行為義務があったにもかかわらず回避義務を怠った場合をいいます。

●適切な対処法

介護職員はすぐに浴槽内に入り、利用者の顔を水面から出しました。周囲に助けを求めて、２人がかりで利用者のからだを浴槽内から出して、すぐに救急車を呼びました。

利用者は、苦しそうにしていましたが意識ははっきりしており、幸い発見が早かったため大事に至らずにすみました。

利用者は浴槽への出入りには一部介助が必要なものの、浴槽内の座位は安定しており、その日もいつもと変わらない様子に見えたため介護職員は、少しの間利用者から目を離してしまいました。

事業所から利用者の家族にすぐに連絡をとり事故の経緯を説明しました。

また介護職員は、上司の指導のもとで事故報告書を作成しました。

●今後に生かす

入浴中の事故予防には次の点に注意します。

①利用者から目を離さないために、入浴に必要な物品は、入浴前にすべて整えておきます。

②入浴前には利用者の健康チェック（体温、血圧、顔色など）を行います。

③入浴中の利用者からは決して目を離さないこ

とが基本です。

④入浴介助は、基本的に複数の介護職員で行いましょう。

⑤利用者が溺れた場合、まず利用者の顔を水面に出すことが必要です。

⑥なるべく速やかに周囲の助けと、救急車を呼びましょう。

⑦通常の呼吸が確認できない場合は心肺蘇生などの救命処置をとります。

事例⑱食べ物を詰まらせて意識を失う

食事をしていた利用者が急にのどを押さえて苦しみ出し、意識をなくしてしまいました

いつ異変が起こるかわからない

介護職員が介助している利用者は、嚥下《えんげ》についてはとくに問題ないのですが、自力で食事をとれず普段から介助を受けて食事をしています。ある日、介護職員がいつもどおり食事の介助をしていると、利用者の顔色が真っ青になって苦しみ出し、床に倒れて意識を失ってしまいました。

＊　　＊　　＊

民事上、刑事上の過失責任を問われる可能性があります。

●適切な対処法

利用者の意識がある場合、介護職員は速やかに、背部叩打《はいぶこうだ》法と腹部突き上げ法で異物の除去

を行います。吸引器がある場合は使用してください。

この場合、利用者は意識を失ってしまっていますので、異物除去ではなく、まず心肺蘇生を行います。その際、異物が見えたら気道から取り除きます。

意識を失っている時間が長くなると、大変危険です。速やかに行動しましょう。

●今後に生かす

食事をとるときの姿勢、利用者に適した食べ物であるかどうかの確認、介助するとき利用者の飲み込みを確認するなど、のどに詰まらせないためのマニュアルを作り、教育を徹底しましょう。また、もし詰まらせた場合や意識を失った場合の対応についても徹底した教育が必要です。

事例⑲介助時に利用者が転倒し骨折

利用者に付き添って外出中、利用者が転倒して骨折してしまいました

利用者のけがは介護職員の責任

雨の日、要介護1の利用者の通院のため介護職員が同行していたときに、濡れた地面で足を滑らせて利用者が転んでしまいました。その際、地面についた手を骨折しました。

＊　＊　＊

民事上、刑事上の過失責任を問われる可能性があります。

●適切な対処法

転倒では、むやみに動かすとかえって危険な場合もありますので、頭を打っていないか、腰や足に痛みはないかなど状態を確認します。この場合、利用者が手の痛みを訴えていたので、介護職員は事業所に連絡して、そのまま利用者

を病院に連れて行きました。家族へは事業所から連絡をとりました。

介護職員は、痛みと不安を抱える利用者を励まして、少しでも不安を取り除けるようこころがけましょう。事業所に戻ったら、事故の経緯を細かく記録し、上司にもきちんと報告します。

●今後に生かす

介護職員は、利用者に対して安全配慮義務を負っていることを意識し、転倒しやすい雨の日などは特に注意して対応しましょう。

転倒しやすい利用者の名前および歩行状態をしっかり把握し、介護職員全員が日常的に確認できるようにします。

事故を起こさない心がまえとは

医療に携わる専門職として、看護師は指示系統やチェック・記録などの手順が厳密に定められています。看護師はすべての業務に対し、実施した本人が看護記録に詳細に内容を記入し、必ず記名を行います。

詳細な記録は、事故が起きた場合、責任の所在を明らかにするためでもあります。

ちょっとした気の緩みや作業に対する慣れのなかで、事故は発生しています。

かつては医療事故などにおいて、看護師個人が責任を問われることはほとんどありませんでした。しかし、昨今、看護師個人が裁判の被告となるケースも増えています。

介護職員も看護師同様、人の命にかかわる重要な仕事です。日々の業務において重い責任を課せられていることを自覚することが大切です。

第6章

介護保険対象外のサービス

介護職員はケアプランに基づいてサービスを行います。

利用者の依頼であっても、介護保険対象外のサービスを提供することはできません。

介護保険対象外のサービスを提供し、介護報酬の請求を行った場合は、介護保険の不正請求になる場合もありますので、注意が必要です。

事例⑳利用者宅の花の水やり

利用者宅の庭にある花に、水をやってほしいと頼まれました

契約外のサービスはできない

介護職員が生活支援でうかがっている利用者は、花が好きで庭に鉢植えがあります。ある日、利用者から花の水やりを頼まれた介護職員。「花の水やりはできないので」と断ったのですが、「娘がケガをしてしまって、このままだと全部枯れてしまう。部屋の掃除はしなくてよいので水やりをやってくれないか」と頼まれました。

*　　　*　　　*

介護職員が、介護保険対象外のサービスを行って介護報酬を請求した場合は、介護保険の不正請求になりかねません。契約外のサービスを行った場合は、介護報酬を請求することはできません。

●適切な対処法

介護職員が庭の花に水やりをすることはできませんが、利用者と一緒に水やりをすることは可能です。そのためにはサービス提供票の変更が必要ですので、利用者に提案してみましょう。

●今後に生かす

利用者の希望するサービスをすべて行うことはできませんが、内容次第によっては、サービス提供票の変更によって可能になることを理解しておきましょう。

事例㉑利用者の家族への調理

家族の分のご飯を作ってほしいと頼まれ、作ってしまいました

作るのは利用者本人の分だけ

息子夫婦と3人で暮らしている利用者宅に、主に調理支援のために訪問しています。ある日、利用者から「私の分のついでに家族の分も作ってください」と言われました。介護職員は1人分作るのも3人分作るのも大して変わらないと考え、言われたとおり3人分の料理を作りました。

*　　　*　　　*

介護職員が、介護保険対象外のサービスを行って介護報酬を請求した場合は、介護保険の不正請求になりかねません。

●適切な対処法

調理支援で認められているのは、利用者の分

の料理だけです。

利用者へ「ご家族に料理を作ることはできないんですよ」と断ります。そして「ケアプランにないことはできないので」と説明して納得してもらいましょう。

●今後に生かす

介護職員は、自分が介護保険制度に定められたサービスを行っていることを自覚し、行うことのできる業務内容をきちんと心得ておくことが必要です。

事例㉒利用者の自宅以外での降車

利用者が事業所から帰る際、送迎ルート内にある自宅近くのスーパーで降ろしました

家と事業所以外では降ろせない

週に2回ほど通所介護を受けている利用者を家に送迎する際、利用者から「家ではなく、家の通り道にある近くのスーパーの前で降ろしてほしい」と頼まれました。介護職員がためらっていると、利用者が「家のすぐ近くだし、遠回りするわけじゃないからいいでしょ」と強く言われたので、やむなく言われたスーパーの前で降ろしてしまいました。

＊　＊　＊

介護職員が、契約外のサービスを行った場合は介護報酬を請求することはできません。

●適切な対処法

送迎は、自宅と事業所のみとなっています。したがって利用者の自宅以外で降ろすことは認められていません。この場合、利用者に「家以外の場所では降ろせない」と断るべきでした。

ただし地域によっては、毎日訪れ、食事や入浴など日常生活を営む場所となっている場合や、利用者の家族などの家であり、利用者を責任を持って受け入れ、家族が引き継げる場合に限り、利用者の自宅以外であっても送迎の乗降が可能と認められている場合もあります。

●今後に生かす

自分の地域のサービス内容を確認したうえで、基本的に、「送迎は事業所と利用者の自宅でしか降ろせない」と、前もってはっきり伝えておきましょう。

事例㉓病院内まで利用者を介助

院内介助が必要ないにもかかわらず付き添ってしまいました

病院内の介助は病院職員が

介護職員が通院介助を行っている利用者は、認知症もなく歩行も短時間であれば特に問題ありません。利用者の通院に同行した介護職員は、時間があったのでそのまま病院内まで付き添ってしまいました。

＊　　＊　　＊

介護職員が契約外のサービスを行った場合は、介護報酬を請求することはできません。

●適切な対処法

ケアプランに院内介助が含まれていない場合は、病院内での介助は病院職員が行います。

ただし利用者が認知症などの理由で院内介助が必要と認められ、そのうえでケアプランに組み込まれた場合に限って、介護職員が付き添うことが可能です。

●今後に生かす

介護職員がやってもよいこと、できないことをきちんと理解しておきましょう。

救急車への同乗

買い物支援のため利用者と近くのスーパーに行ったとき、利用者が急に苦しみ出しました。介護職員は、あわてて救急車を呼びました。

その後、介護職員も救急車に同乗して病院へ向かいました。

救急車に同乗することで法に触れることはありませんが、介護職員が、契約外のサービスを行った場合は介護報酬を請求することはできません。

介護職員は、事業所ごとの「緊急時対応マニュアル」などに従って、事業所等への連絡や対応を行う必要があります。

利用者の急変時などに、「緊急時対応マニュアル」に従って速やかに適切な措置をとれるよう、内容を把握すると同時に日頃から研修会などに参加するとよいでしょう。

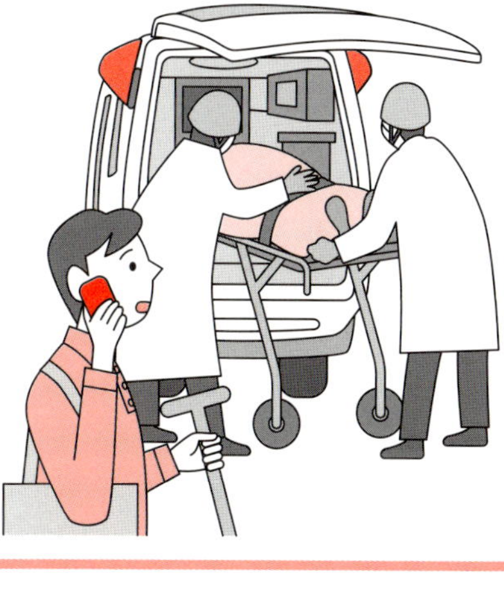

地域ごとに、できることが違う?!

実は介護保険制度は全国一律のものではありません。訪問介護でも、ある市では可能なことが、他の市ではできないということが少なくありません。

ちなみに、都道府県による介護保険の解釈の違いや制度の違いをローカルルールといいます。

これは国が作った法律を、実際に運用している都道府県（市区町村）の判断で自由に制度設計ができるシステムになっているからです。

ローカルルールについては、自分が働いている地区の介護保険課のホームページを確認したり、介護保険課へ詳細を問い合わせたりして、必ず把握しておきましょう。

第7章

高齢者を守る

介護職員は、高齢者が詐欺などの犯罪に巻き込まれている場に遭遇するかもしれません。そうした場合、高齢者を守るため介護職員として適切に行動できることが求められます。ここでは主な詐欺の手口やその対応の仕方について学びます。

高齢者が犯罪に巻き込まれないために

日頃から利用者の行動に注意して、高齢者を犯罪から守りましょう

高齢者は危険にさらされている

警視庁の発表では、振り込め（母さん助けて）詐欺被害者の約9割は60歳以上の高齢者で、2013年では前年に比べて約5割増加し、約171億円の被害総額となっています。また詐欺犯人からの電話を見破り、被害にあわずにすんだ人の多くは、「本物の息子（孫）とは声や話し方が違った」「話の内容に矛盾があった」などと話しています。このことからも、普段の家族間の連絡頻度や共有する情報の多さ、信頼関係などが振り込め詐欺などの被害防止に関係していることがわかります。

特に、約2割の独居の高齢者、判断能力・記憶力の低下が見られる高齢者では、より大きな

危険にさらされているといえます。

介護職員ができること

利用者が犯罪に巻き込まれそうになっていると気づいたときは、介護職員に法的義務はあり

被害状況・被害者の認識

2012年５月から７月までの間に詐欺にあわれた人へのアンケートを警視庁で行った結果、以下の内容が報告されました。

- 被害者の約８割は女性
- 被害者の約５割は70代
- 被害者の約７割が夫婦２人暮らしまたは一人暮らし
- 詐欺被害に対する認識
  「自分は大丈夫だと思っていた」
  「詐欺について考えたこともなかった」
  と答えた者が９割以上（92.5%）

ませんが、利用者を守るために適切な態度をとることが必要です。

●「クーリング・オフ」について

クーリング・オフとは契約後、消費者に考え直す時間を与え、一定期間内であれば契約を取り消すことができる制度のことです。

契約書面を受け取った８日以内または20日以内に、クーリング・オフをするという通知を事業者に送れば消費者は解約料など一切の費用を負担することなく、手元に商品がある場合は着払い（事業者の負担）で返品できます。理由も必要なく、事業者の承諾も不要です。

◇クーリング・オフの対象と期間

- 訪問販売＝８日間
- 電話勧誘販売＝８日間
- 連鎖販売取引＝20日間
- 業務提供誘引販売取引＝20日間
- 特定継続的役務提供＝８日間

（消費者庁ウェブサイトを参考に作成）

●「消費者契約法」について

消費者と販売事業者が結んだ契約すべてが対象で、契約を勧誘された際に、販売事業者に不適切な行為があった場合、契約を取り消せる法律です。

◇不適切な行為とは

- 嘘を言っていた。
- 確実にもうかるとのもうけ話をした。
- うまい話を言っておいて、都合の悪いことを知っていて隠していた。
- 自宅や職場に押しかけて「帰ってくれ」などと言ったにもかかわらず帰らなかった。
- 事業者に呼び出されて「帰りたい」などと言ったにもかかわらず帰してくれなかった。

利用者が不適切な行為で不当な契約をさせられたり、させられようとしているのに気づいたら、すぐに家族へ連絡して、消費者生活センターなどに相談に行くことを勧めましょう。

（消費者庁ウェブサイトを参考に作成）

事例㉔振り込め（母さん助けて）詐欺

振り込め詐欺にあって、お金を渡してしまいました

不審な電話には冷静に

利用者は現在独居で、車で２時間ほど離れたところに住んでいる息子がいます。ある日、「オレだよ、母さん」と電話があり、「事故を起こし、すぐ300万必要なんだ。会社の同僚が取りに行くから、現金を渡して」と言われました。利用者は、思いがけない電話にパニック状態になり、300万円を用意し、自宅に来た人間に渡してしまいました。数日後、介護職員は、利用者からだまされたかもしれないと相談を受けました。

●詳しい手口

相手はまず電話で「母さん、助けて」「オレオレ、オレだよ」などと言い、息子や孫に成りすまします。こちらが息子だと思ったら、相手は

事故などで至急大金が必要だと言って、お金を用意する方法を指示し、現金を受け取りに来たりします。

●適切な対処法

利用者が振り込め詐欺にあったことに介護職員が気づくとしたら、おそらく利用者がいつになく落ち着かなかったり、お金のことを口にしている場合でしょう。

利用者が振り込め詐欺にあったことに気づいたらすぐに利用者の家族や身内へ連絡をとり、警察に届けるように勧めましょう。また事業所にも相談します。さらに市町村の相談窓口に一緒に行き、どのように対処するべきかも聞くようにしましょう。

●今後に生かす

差し支えない範囲で、利用者の家族構成や住んでいる場所などを知っておくとよいでしょう。

日頃から高齢者を狙った犯罪について利用者と話題にするようにしましょう。

事例㉕リフォーム詐欺

高額の見積書を手渡されてしまいました

親切心を装い近づいてくる

生活支援でうかがっている利用者宅に、セールスマン風の男性が訪ねてきました。建築関係の仕事をしているという男性は、利用者宅の屋根は年数がたって傷んでいるので直したほうがよいと言い、さらに、私の知っている会社なら安く直せると強引に話を進めたということです。数日後、その男性が現れ、高額の見積書を利用者に渡しました。利用者はその金額に困惑して、介護職員に相談してきました。

●詳しい手口

リフォーム詐欺とは、相手にリフォームをする意思や能力がないにもかかわらず、被害者に対してリフォームが必要だといつわり、材料費や工事費などの名目で現金をだまし取る詐欺です。まずセールスマンを装った人が被害者に話しかけ、相手の警戒心がほぐれた後、自分は建築に詳しいと伝え、家の診断を買って出ます。その後、この家はリフォームが必要だと言い不安をあおり、私なら相場より安い会社を知っていると言い、被害者に勧めます。そして最後に工事費前金などの名目で金を請求します。

●適切な対処法

まず契約日時がいつなのかを利用者に確認して、クーリング・オフが可能か市町村の相談窓口へ行くように勧めましょう。

●今後に生かす

このように不意打ち的な勧誘にだまされないよう、訪問者に注意するよう伝えましょう。

誰かに何かが必要と言われても即答せず、もし心配なら第三者の意見を聞いてから判断したほうがいいことを覚えておいてもらいましょう。

事例㉖投資詐欺

言われるまま債権を購入してしまいました

うまい話に真実なし

夫に死なれ独居の女性の家に、銀行員風の男性が訪ねてきました。この女性は、夫が多額の資産を残したので生活には不自由していませんでした。男性は「いい投資先があります。今は非上場株ですが、上場すればもうかりますよ」などと言い、ことば巧みに女性を説得しました。女性は、投資のことはさっぱりわからないが、相手が詳しそうだし老後のための資金にと考え、とりあえず言われるままにその債券を購入してしまいました。その後、その男性から何の音沙汰もないので不安になり、介護職員に相談し、詐欺が発覚しました。

●詳しい手口

投資詐欺とは、まったく価値がないか、現実にない未公開株や実体のない会社の社債を、高利回りだとか元本保証であるなどと言って購入させ、その後行方をくらます手法です。

●適切な対処法

利用者が投資詐欺にあっていることがわかったら、すぐに警察や消費者センターなどに行くことを勧めましょう。

●今後に生かす

電話での勧誘にはくれぐれも注意して、怪しいと思ったら電話を切るか、「かけ直す」と言うように伝えましょう。また訪問して来た場合も、その場はとにかくはっきりとことわり、警察や消費者センターに相談するように伝えましょう。

日頃から世の中、うまいもうけ話など絶対にないのだということを伝え、警戒心を養ってもらいましょう。

事例㉗告発すると恐喝

書類が送られてきて、送金しないと告発すると言われました

怪しい手紙には用心

夫を亡くし、独居の女性の家に、亡くなった夫宛に公の機関を名乗る団体から「あなたの夫が違法なビデオを買ったので告発される。今なら告発を取り下げることができるので、お金を払うように」との書類が送られてきました。利用者は、すでに夫は亡くなっていて確認もとれないし、故人の名誉にもかかわると思い、書面のとおりにお金を郵送しました。その後介護職員が訪問しているときに、「手続き費用も払うように」と電話がかかってきました。介護職員が、利用者のおびえたような様子から、事情を尋ねたことで事態が発覚しました。

●詳しい手口

　これは公の機関や弁護士の名をかたり「違法」「告発」など法律をちらつかせ被害者の不安をあおり、被害者から取り下げ料などの名目でお金を請求する架空請求です。本人以外に死亡している配偶者や別居している子どもなどの宛て名で送られてくることもあります。

●適切な対処法

　利用者は恐喝《きょうかつ》されているので、家族と相談し警察に通報することを勧めましょう。利用者が住んでいる自治体の消費生活センターなどに善後策《ぜんごさく》を相談するのがいいでしょう。事業所にも報告します。

●今後に生かす

　普段から悩みごとを抱えていないか、利用者の様子に気を配り、利用者が話しやすいように優しく接するようにしましょう。

事例㉘利用者への虐待

利用者が家族から虐待をうけているのではと疑っています

情報収集した後、通報する

生活支援のためにうかがっている利用者は、日中家族が仕事で外出しているため、介護職員が調理支援などを行っています。ある日ふと利用者を見ると、腕に青あざがありました。利用者に尋ねても「転んだ」「覚えてない」と要領を得ない回答しか聞けませんでした。家族との連絡ノートにその旨を書くと、利用者の家族から「そんなこと気にするな」と強い口調で言われました。介護職員は利用者が家族から虐待を受けているのではないかと疑っています。

●適切な対処法

まず虐待が事実であるかどうか情報を集めましょう。高齢者虐待は事の性質上、表に現れにくいものです。慎重に利用者のからだを観察したり、利用者の態度に異変がないかどうか調べ、わずかな変化も見逃さないようにしましょう。ただし強引な情報収集は禁物です。

介護職員は、利用者が虐待を受けていると強く疑った場合、通報する義務（通報努力義務）があります（高齢者虐待防止法に基づく通報の義務）。利用者が住んでいる地域の地域包括支援センターなどに相談しましょう。たとえ虐待の事実が認められなかったとしても、介護職員が責任を問われることはありません。くれぐれも1人で抱え込んだり、状況を放置しないようにしてください。

●今後に生かす

利用者の身体に傷や言動に不審な点を見つけたら、すぐに事業所の上司に相談しましょう。

虐待の兆候（周りから）

家族・介護者から見られる兆候（サイン）

・高齢者に対する冷たい態度や無関心さが見られる
・高齢者の世話や介護に対する拒否的な発言がしばしば見られる
・介護方法や接し方について、他人の助言を聞き入れない
・高齢者の健康や疾患に関心がなく、医師への受診や入院の勧めを拒否する
・高齢者に対して過度に乱暴な口のきき方をする
・保健・福祉の担当者に会いたがらない
・経済的に余裕があるように見えるのに、高齢者に対してお金をかけようとしない

虐待の兆候（本人から）

高齢者本人から見られる高齢者虐待の兆候（サイン）

● 身体的虐待のサイン

・身体に小さな傷が頻繁に見られる
・太腿の内側や上腕部の内側、背中等に傷やみみずばれが見られる
・回復状態がさまざまな段階の傷、あざなどがある
・頭、顔、頭皮等に傷がある
・臀部や手のひら、背中等に火傷や火傷跡がある
・急におびえたり、恐ろしがったりする
・「怖いから家にいたくない」等の訴えがある
・傷やあざの原因について説明のつじつまがあわない
・主治医や福祉担当者に話すことや援助を

受けることに躊躇《ちゅうちょ》する

・主治医や福祉担当者に話す内容が変化し、つじつまがあわない

●心理的虐待のサイン

・かきむしり、噛み付き、ゆすり等が見られる

・不規則な睡眠（悪夢、眠ることへの恐怖、過度の睡眠等）を訴える

・身体を萎縮させる

・おびえる、わめく、泣く、叫ぶ等の症状が見られる

・食欲の変化が激しく、摂食障害（過食、拒食）が見られる

・自傷行為が見られる

・無力感、あきらめ、投げやりな様子が見られる

・体重が不自然に増えたり、減ったりする

（厚生労働省ウェブサイト「高齢者虐待発見チェックリスト（案）」より作成）

付録

介護職員の労働

　介護職員であっても他の職種と同様、労働者であることに変わりはありません。ここでは労働基準法について学びます。事業所との良好な関係を構築することが安定的な身分を保障するとともに、業務を遂行するうえでプラスになります。

介護職員も労働基準法に守られています

労働基準法とは

言うまでもないことですが、介護職員は労働者です。そのため当然、労働基準法が適用されます。

ではそもそも労働基準法とは何でしょうか？労働基準法の目的は労働者を保護することにあります。たとえ社長と従業員の２人だけの事業所であっても、その従業員には労働基準法が適用されます。

労働基準法は、労働者の賃金や労働時間、休暇などの主な労働条件について、最低限の基準を定めたものです。この基準に満たない就業規則や労働契約については、その部分が無効となります。

労働基準法を知れば自分を守れる

労働基準法を知ることは自分の身を守ることにつながります。昨今、話題となっている「ブラック企業」に入社してしまったとしても恐れることはないのです。

●労働時間とは

労働基準法第32条には「使用者は、労働者に、休憩時間を除き1週間について40時間を超えて、労働させてはならない」。第32条2には「使用者は、1週間の各日については、労働者に、休憩時間を除き1日について8時間を超えて、労働させてはならない」とあります。

介護職員は主に早番、遅番、夜勤の3つの時間帯を交代で担当しますが、1日8時間の労働ということに変わりはありません。これを超える労働を法定時間外労働といい、いわゆる残業ということになります。

またサービス残業というのは、使用者から正規の賃金が支払われない時間外労働の俗称のことを指します。もちろんこれも違法になります。しかし実際には、労働時間の遵守が形骸化している会社も少なくないのが実情です。

●有給休暇とは

有給休暇も当然労働者に認められた権利の一部です。労働基準法第39条には「使用者は、その雇入れの日から起算して6箇月間継続勤務し全労働日の8割以上出勤した労働者に対して、継続し、又は分割した10労働日の有給休暇を与えなければならない」とあります。

したがって、会社が有給休暇を認めなかった場合は違法となる可能性があります。ただし、いつでもよいわけではなく、事前に届け出るか、口頭で伝える必要があり、また他の同僚や会社に迷惑のかかる可能性のある繁忙期などに有給休暇を申請した場合などについては、認められないこともありますので十分気をつけましょう。

あらかじめ事業所に確認をとっておくとよい

でしょう。事業所の就業規則に明記されているはずです。

●36協定とは

36《さぶろく》協定とは、労働基準法第36条「(労使) 協定をし、これを行政官庁に届け出た場合においては、(略) その協定で定めるところによって労働時間を延長し、又は休日に労働させることができる」に基づき、労使(雇用者側と労働者側)が書面によって締結した協定のことであり、労働者に残業や休日出勤をさせる場合は、労働基準監督署に届けることになります。

36協定は労働者が1名でも適応され、36協定を締結、または届け出をせずに、残業や休日出勤をさせた場合は、労働基準法違反となります。

●雇用契約とは

労働基準法第15条には、「使用者は、労働契約の締結に際し、労働者に対して賃金、労働時間その他の労働条件を明示しなければならない」と労働条件の明示の義務が定められています。労働条件の明示とは労働者個々人に対して書面で明示される労働条件のことです。

なお明示すべき事項は労働基準法施行規則第5条に規定されています。

①労働契約の期間に関する事項

②始業及び終業の時刻、所定労働時間を超える労働の有無、休憩時間、休日、休暇並びに労働者を二組以上に分けて就業させる場合における就業時転換に関する事項

③賃金の決定、計算及び支払の方法、賃金の締切り及び支払の時期並びに昇給に関する事項

④退職に関する事項

以上が書面での明示を義務づけられています。

ちなみに、労働者の同意なく雇用契約を変えるのは違法になります。

●退職、解雇について

退職は、労働基準法では定めがなく、民法と

労働契約法が適用になります。期間の定めのない労働契約が結ばれている場合は、退職届けを出してから実際に退職するまでに最低限2週間が必要です。ただし、派遣で働く労働者など契約内容で働く期間が決まっている場合は勝手な都合で退職すると、派遣元の会社側に損害賠償を請求される可能性があります。

解雇については、労働基準法第20条に以下のように記載されています。

①使用者は、労働者を解雇しようとする場合においては、少なくとも30日前にその予告をしなければならない。

②30日前に予告をしない使用者は、30日分以上の平均賃金を支払わなければならない。

ただしやむをえない事情がある場合や労働者に重大かつ悪質な行為があった場合、2か月以内の期間雇用者、試用期間中の者で入社日から14日以内の者などは除きます。

◆参考文献

- 株式会社五幸トータルサービス　介護保険ローカルルール　http://mbp-tokyo.com/gokou/column/23851/
- 警視庁　お年寄りをねらう訪問リフォーム　http://www.keishicho.metro.tokyo.jp/kouhoushi/no8/9110/9110.htm
- 警視庁　「元本保証・高配当・必ず儲かる」あぶない投資話にご注意ください　http://www.keishicho.metro.tokyo.jp/seian/rishoku/rishoku.htm
- 警視庁　こんな電話は振り込め詐欺　http://www.keishicho.metro.tokyo.jp/seian/koreisagi/koreisagi.htm
- 公益社団法人　日本介護福祉会　倫理綱領　http://www.jaccw.or.jp/about/rinri.php
- 消費者庁　消費者の窓　消費者契約法のポイント　http://www.consumer.go.jp/kankeihourei/keiyaku/sikou/sikou.html
- 消費者庁　特定商取引法の「クーリングオフ」ってどういうもの？　http://www.caa.go.jp/adjustments/houkoku/honbun_2_2_2_column.html
- 明治安田システム・テクノロジー株式会社　法律でひもとく介護事故　http://www.my-kaigo.com/pub/carers/risk/houritsu/0030.html

【監修者略歴】

松田　英一郎（まつだ　えいいちろう）

弁護士（司法研修所39期）。東京弁護士会所属。
法律事務所あすか代表パートナー弁護士。
1954年生まれ、東京大学卒業。
主な取扱分野は民事一般。不動産関連事業者、有料老人ホーム・病院経営・訪問介護事業者等の顧問弁護士を多数務めている。

内田　千惠子（うちだ　ちえこ）

1989年特別養護老人ホーム「大塚みどりの郷」入職。介護課長、ホームヘルパーステーション管理者（兼務）、2005年より同施設の施設長に就任。現在、公益社団法人日本介護福祉士会副会長、NPO法人東京都介護福祉士会副会長として活動中。株式会社あいゆうサポート代表取締役。

●編集協力／有限会社エイド出版
●表紙デザイン／能登谷　勇
●表紙イラスト／どい　まき
●本文イラスト／木野本由美

介護のしごとが楽しくなるこころシリーズ9
知ってあんしん　法律のはなし

2014年 5月25日　初版第1刷発行

監修者　松田英一郎・内田千惠子
企画・制作　株式会社ヘルスケア総合政策研究所 ©
発行者　林　諄
発行所　株式会社日本医療企画
〒101-0033
東京都千代田区神田岩本町4-14 神田平成ビル
TEL.03-3256-2861（代）
http://www.jmp.co.jp/
印刷所　大日本印刷株式会社

ISBN978-4-86439-253-2 C3036　Printed in Japan, 2014
（定価は表紙に表示してあります）

●編集協力／有限会社エイド出版
●表紙デザイン／能登谷　勇
●表紙イラスト／どい　まき
●本文イラスト／木野本由美・佐藤加奈子

介護のしごとが楽しくなるこころシリーズ 10
QOL を高める　食事の工夫

2014 年 6 月 16 日　初版第 1 刷発行

監　修　者　中村育子
企画・制作　株式会社ヘルスケア総合政策研究所 ©
発　行　者　林　　諄
発　行　所　株式会社日本医療企画
〒101-0033
東京都千代田区神田岩本町 4-14 神田平成ビル
TEL.03-3256-2861（代）
http://www.jmp.co.jp/
印　刷　所　大日本印刷株式会社

ISBN978-4-86439-254-9 C3036　Printed in Japan, 2014
（定価は表紙に表示してあります）

【監修者略歴】

中村　育子（なかむら　いくこ）

1994年女子栄養大学栄養学部卒業。2011年同大学院修士課程卒業。2012年静岡県立大学大学院博士課程後期課程入学、在学中。
1997年医療法人社団福寿会福岡クリニック在宅部栄養課に入職。現在、同クリニック栄養課課長。
2008年6月全国在宅訪問栄養食事指導研究会会長に就任。2012年より同研究会副会長。

訪栄研

全国在宅訪問栄養食事指導研究会（通称：訪栄研）は、訪問栄養指導に関する研究、研修、教育等を行っており、在宅医療、保健、福祉に関わる方であれば、入会することができます。

また、研究会のホームページから、訪問栄養指導に関する情報を得ることができます。

■「訪問栄養指導」とは

通院などが困難な方のご自宅に管理栄養士が訪問し、食生活や栄養に関する様々な相談にのります。「食事」や「食べる」ことを通して、健やかな在宅生活を応援します。

■対象者

●疾病等により食事管理が必要な人
●低栄養状態の改善が必要な人
※訪問栄養指導を受ける場合には、医師の指示が必要になります。

■訪問栄養指導の内容

＊食事摂取量と栄養状態のチェック
＊調理指導、買い物指導
＊介護職員指導
＊状態に合わせた食事内容、形態などの指導
＊栄養補助食品、介護用食品、介護食器等の紹介
＊食生活プラン（プログラム）の作成
＊その他、療養生活に関わる様々な相談

くわしくはホームページをご確認ください。
http://www.houeiken.jp/index.html

◆参考文献

- 熊谷修監修『低栄養予防ハンドブック』NPO法人地域ケア政策ネットワーク、2004年
- 黒田留美子監修『家庭でできる高齢者ソフト食レシピ―食べやすく飲み込みやすい―』河出書房新社、2003年
- 中村育子監修『訪問先で役立つ　栄養管理の基礎知識』全国在宅訪問栄養食事指導研究会
- 野村馨監修『オールカラー版 家庭の医学《第2版》』成美堂出版、2013年
- 山田晴子『かみやすい飲み込みやすい食事のくふう―絵で見てわかる―』女子栄養大学出版部、2010年
- 全国在宅訪問栄養食事指導研究会編集『在宅での栄養ケアのすすめかた―訪問栄養食事指導実践の手引き―』日本医療企画、2008年